richtig
d[illegible] sagen

die Schnauze halten

alles in Frage stellen

auf die
Work-Life-Balance
achten

dein Schicksal annehmen

einen Verein gründen

die Meinung deiner
Mutter hinterfragen

beten

den Müll trennen

gegen den Strom
schwimmen

den Teufel
an die Wand malen

die Wahrheit sagen

groß denken

fürs Alter vorsorgen

den Gefühlen freien
Lauf lassen

Arbeit und Privatleben trennen

klar kommunizieren

deine Traumata anerkennen

Zahnseide benutzen

LSD probieren

niemandem
zu nahe treten

mal richtig
auf die Kacke hauen

schön grüßen

Haltung zeigen

deinen Arzt
oder Apotheker fragen

deine unbewussten
Glaubenssätze
reflektieren

so bleiben,
wie du bist

jeden Moment
königlich genießen

die Gesundheit im Auge behalten

kleinkariert sein

nur an dich denken

aufbrausend sein

überlegen, was
Nietzsche dazu sagen
würde

rechtzeitig
die Notbremse ziehen

niemandem trauen

die Finger vom
Alkohol lassen

Suaheli lernen

alles richtig machen

deine tiefsten Ängste
überwinden

die Konfrontation suchen

Papua-Neuguinea erkunden

alles hinschmeißen

dich deiner
Vergangenheit stellen

auf die Tränendrüse
drücken

die Familie aus dem
Spiel lassen

Impressum

Der Taschen-Therapeut
91.125 Ratschläge für
alle Lebenslagen

ISBN 978-3-934657-85-4

Prospekt schickt gern:
MeterMorphosen GmbH
Offenbacher Landstraße 374
D-60599 Frankfurt am Main
www.metermorphosen.de

Gestaltung: Anja Mathey

beruflich und privat

in Zeiten
wie diesen

vorm Schlafengehen

in Erotik-
angelegenheiten

schon mal
vorsorglich

vor Sonnenaufgang

am Arbeitsplatz

nur
unter Aufsicht

auf keinen Fall

hin und wieder mal

gleich nach dem
Aufstehen

zum Erhalt deiner Partnerschaft

beim Rauchen

in der Öffentlichkeit

beim Sex

auf dem Klo

in der Kirche

im Haushalt

auf Reisen

mit Anstand

am Ende
deines Lebens

auf jeden Fall

24 / 7

auch wenn
es schwerfällt

bei der Partnerwahl

vorsichtig

im Straßenverkehr

mit Bedacht

allen guten
Ratschlägen
zum Trotz

auch von Rechts wegen

nur im Notfall

lieber heute
als morgen

auch mit Rücksicht
auf die Umwelt

im Sinne der Kunst

auch in
schwachen
Momenten

mit bestem Wissen und Gewissen

nicht nur an Weihnachten

bei
gutem Wetter

online und offline

mehr als fünf Mal
in der Woche

ohne Rücksicht
auf Verluste

ein Jahr lang

im Großen wie im Kleinen

in Liebesdingen

nicht nur
zum Schein

Es wäre gut für dein
inneres Gleichgewicht,
würdest du

Was würde Buddha tun? Buddha würde

Du könntest ernsthaft

Für deine
Psychohygiene
solltest du

In der Bibel steht,
du solltest

Ich finde, du solltest

Dein Unterbewusstsein
möchte dir sagen,
du solltest

In der Klatschpresse
steht, du solltest

Deine große Liebe
denkt, du solltest

Als Durchschnitts-
deutscher solltest du

Wenn es nach Gandhi
ginge, würdest du

Du musst

Frei nach Immanuel
Kant solltest du

Du solltest öfter

Könntest du bitte

So wie du aussiehst,
solltest du

Wenn es nach mir
ginge, würdest du

Dein Über-Ich gebietet, du musst

Es würde nicht
schaden, würdest du

Jeder Lifecoach
würde dir bestätigen,
du solltest

Du kannst

In Südchina heißt es,
man sollte

Unter Umständen
sollte man

Ein Lebenskünstler
wie du sollte

Weil ich dich liebe,
solltest du

Wenn du etwas auf
dich hältst, solltest du

Dein Therapeut sagt,
du solltest

Der Blick nach innen
verrät, du solltest

Dein Leben würde
sich radikal ändern,
würdest du

Dein inneres Kind sagt, du solltest

In jedem guten
Ratgeber steht,
du solltest

Bei deiner Gesundheit
sollltest du

Die Energie des Universums wünscht sich, du würdest

Du solltest immer

Hättest du einen
Funken Disziplin,
würdest du

In deinem Alter
solltest du

Ein freier Mensch
wie du sollte

Nach Freud
sollltest du

Du solltest vorzugsweise

Du darfst keinesfalls

Laut jüngsten
therapeutischen
Erkenntnissen
solltest du

Du wärst ein
glücklicherer Mensch,
würdest du

Du kannst ganz einfach

Gewissenhafte Liebhaber sollten

Mit deiner
Vorgeschichte
darfst du

Pia Frey

ist Unternehmerin, Journalistin und Erfinderin diverser Flip-Bücher (z. B. "Der Moral-o-mat", "Der Sinnfragenkombinator" oder "125.000 ways to say 'I love you'"). Mit ihrem Startup "Opinary" ermöglicht sie es Usern, in Online Artikeln ihre Meinung zu äußern. Sie zählt zu Forbes' "30under30" und wurde zur Journalistin des Jahres nominiert. Pia Frey lebt in Berlin und New York.